Christina Pracht

Knowledge Management und Groupware

GRIN Verlag

Bibliografische Information der Deutschen Nationalbibliothek:

Die Deutsche Bibliothek verzeichnet diese Publikation in der Deutschen National-
bibliografie; detaillierte bibliografische Daten sind im Internet über http://dnb.d-
nb.de/ abrufbar.

Impressum:

Copyright © 2001 GRIN Verlag GmbH
Druck und Bindung: Books on Demand GmbH, Norderstedt Germany
ISBN: 978-3-640-11561-7

Dieses Buch bei GRIN:

http://www.grin.com/de/e-book/105580/knowledge-management-und-groupware

I. Knowledge-Management

1. Was ist Knowledge-Management?

Unter Knowledge-Management, (deutsch: Wissensverwaltung), versteht man den effizienten Umgang mit der Ressource Wissen. Dabei geht es um das Wissen, das dem Unternehmen nutzt und das seine Geschäftsprozesse konkret unterstützt.

Thomas Davenport, Professor und Direktor des „System Management Program" an der Universität Austin in Texas definierte Knowledge-Management folgendermaßen: „Wissensmanagement ist eine formale, strukturierte Initiative zur Verbesserung der Erzeugung, Verteilung und Nutzung von Wissen in einer Organisation. Es ist ein formaler Prozess zur Wandlung des Wissens einer Unternehmung in Unternehmenswert."[2] Karl Erik Sveiby, geschäftsführender Gesellschafter einer Consultingfirma, Miteigentümer von Ekonomi+Teknik Forlag und einer der Hauptverfechter der Idee der Wissensverwaltung, spricht bei dem Begriff Knowledge-Management von der „Kunst aus immateriellem Vermögen Wert zu schöpfen."[3]

2. Warum Knowledge-Management?

Die Ressource Wissen gewinnt innerhalb einer Unternehmung immer mehr an Bedeutung, da das Wissen der Mitarbeiter mit über die Wettbewerbsfähigkeit entscheidet. Fachwissen, Lernbereitschaft und funktionierende Informationsflüsse sind eine Voraussetzung dafür, dass Mitarbeiter vorhandene und neue Informationen in Produkte und Dienstleistungen umsetzen können. Einer Studie zufolge verwendet ein Mitarbeiter 35% seiner Arbeitszeit dafür, das im Unternehmen vorhandene Wissen zu finden. Wäre es nun möglich, diesen Anteil zu senken und dem Mitarbeiter dadurch die Möglichkeit zu geben, effektiver zu arbeiten, so wäre das nicht nur ein Gewinn für den Mitarbeiter, sondern auch für das Unternehmen. Bei IBM z.B. sollen zeitweise 49 Abteilungen in 27 Geschäftsbereichen die selben Wettbewerber analysiert haben, ohne dass eine

---

[2] Thomas Davenport: Wenn Ihr Unternehmen wüßte, was es alles weiß. Das Praxisbuch zum Wissensmanagement ,1999
[3] Karl Erik Sveiby: Wissenskapital - das unentdeckte Vermögen, 1998

Abteilung von der anderen wusste.[4] Knowledge-Management soll aber nicht nur sicherstellen, dass der Informationsfluss im Unternehmen bzw. in der Abteilung verbessert wird, sondern vor allem dafür sorgen, dass das firmeneigene, wohl wertvollste Kapital nutzbar gemacht wird:

"Unternehmen sollen den Schatz in den Köpfen
ihrer Mitarbeiter vermehrt nutzen."[5]

Doch um das vorhandene Wissen optimal nutzen zu können ist es notwendig, diese Informationen zu sammeln und auszuwerten. Dieses Wissen ist zu einem entscheidenden Wettbewerbsfaktor geworden und wird dadurch als strategische Ressource zur Wettbewerbsfähigkeit angesehen:

"Das Kapital liegt im Wissen der Mitarbeiter"[6]

In einem Unternehmen gibt es die unterschiedlichsten Informationsquellen, in denen sich das vorhandene Wissen folgendermaßen aufteilt:[7]

- 42% in den Köpfen der Mitarbeiter
- 26% in Papierdokumenten
- 20% in elektronischen Dokumenten
- 12% in elektronischen Wissensdatenbanken

Wissen wird durch Informationen, Erfahrungen, Ideen, Werte oder neuartige Vernetzung der vorhandenen Informationen aktualisiert und erweitert.

"Wissen ist die einzige Ressource, welche sich durch Gebrauch vermehrt"[8]
"Wissen ist Rohstoff der Zukunft!"[9]

---

[4] Dieter Herbst: Erfolgsfaktor Wissensmanagement, 2000
[5] http://www.gkg-online.ch/text.html: geneva knowledge group
[6] http://www.www-kurs.de/knowledg.htm: Knowledge-Management (KM)
[7] Dieter Herbst: Erfolgsfaktor Wissensmanagement, 2000
[8] http://www.fmc.ch/MC98-6daten.htm : Daten - stratgischer Faktor
[9] Staatssekretär a. D. Friedhelm Ost , GrandOpening des Multimedia-Unternehmens Amadee AG, 19.09.99

3. Die Ziele des Knowledge-Managements

Knowledge-Management will erreichen, dass das individuelle Wissen des einzelnen Mitarbeiters dem Unternehmen dauerhaft verfügbar gemacht wird und den anderen Mitarbeitern zugänglich ist. Dieses Ziel ist dann erreicht, wenn die richtige Information im richtigen Moment an der richtigen Stelle verfügbar ist. Der Anteil des genutzten Wissens soll dabei ständig erhöht und eine optimale Anwendung der Wissensbasis gewährleistet werden.

Die folgende Abbildung zeigt, dass Wissen bzw. Informationen aus 3 verschiedenen Quellen gewonnen werden können, aus strukturierten und unstrukturierten Daten, sowie via Kommunikation.

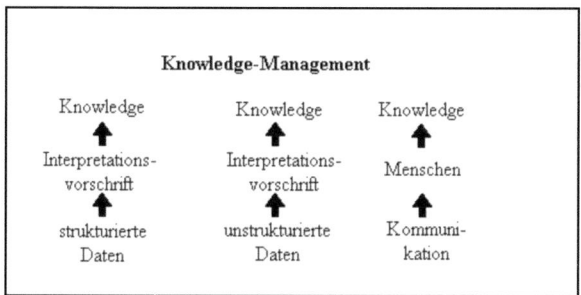

Abbildung 4: Der Weg von Informationen zum Wissen[10]

Bei den vorhandenen Informationen unterscheidet man strukturierte und unstrukturierte Daten. Während es sich bei strukturierten Daten um Informationen handelt, die sich in einer Datenbank oder einem Data-Warehouse befinden, versteht man unter unterstrukturierten Daten Werte, die aus elektronischen Dokumenten bestehen, wie z.B. Texte, Präsentationen, Mails oder Formularen bestehen. Der Kommunikationsbereich umfasst Informationen, die bei der zwischenmenschlichen Kommunikation übermittelt und ausgetauscht werden.

---

[10]http://www.synalis.de/schwerpunkte/knowledgetext.html: Knowledge Management

4. Nutzen des Knowledge-Managements

Knowledge-Management, der Grundstein für das Knowledge-Management-System, ein System bzw. ein Verfahren, um Wissen von Firmen, Mitarbeitern oder anderen Institutionen zu sammeln, verwalten, publizieren und verteilen zu können, greift auf die Knowledge-Base zurück. Das ist eine Sammlung von Wissen, Erfahrungen und Know-how, mit dessen Hilfe es möglich ist, den effizienten Umgang mit der Ressource Wissen und die Produktivität der Arbeitszeit zu steigern. Darüber hinaus kann sich Knowledge-Management auch direkt in der Kundenzufriedenheit wiederspiegeln, da der Mitarbeiter einen direkten Zugriff auf die gewünschten Informationen hat und er sie nicht mehr suchen muss. Für die Kunden bedeutet dies eine bessere Betreuung, da durch die Verteilung des vorhandenen Know-hows auf mehrere Personen und die Vernetzung des Wissens der Mitarbeiter untereinander die Auskunftskompetenz erhöht werden kann.

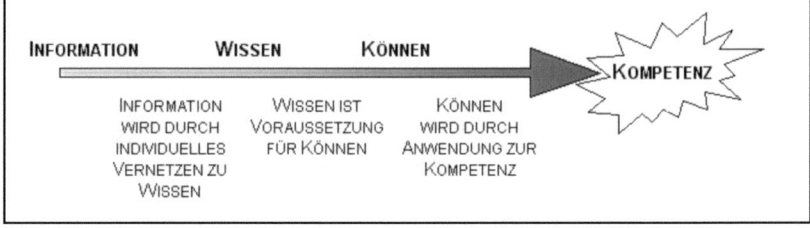

Abbildung 5: Von der Information zur Kompetenz[11]

Die Darstellung veranschaulicht den Weg von der reinen Information zur Kompetenz des einzelnen Mitarbeiters. Im ersten Schritt müssen Informationen gesammelt werden, die im zweiten Schritt durch das Wissen sinngebend miteinander verknüpft werden. Information ist ein Grundstoff und allein wertlos, wenn sie nicht zu Wissen verarbeitet und veredelt werden kann. Dieses Wissen ist die Voraussetzung für den dritten Schritt, das Können. Wendet der Mitarbeiter dieses Können an, wird es zur Kompetenz.

---

[11]Dieter Herbst: Erfolgsfaktor Wissensmanagement, 2000

5. Paradoxien im Umgang mit Wissen

Die Mitarbeiter sind oftmals mit der Art und Weise, wie Wissen im Unternehmen gehandhabt wird, nicht zufrieden. Häufig gibt es in den Unternehmen zu fast jedem Fachgebiet einen Spezialisten, doch genauso häufig ist die Kenntnis über diesen Experten mehr als nur lückenhaft. Knowledge-Management bietet den Unternehmen die Möglichkeit, solchen Missständen entgegen zu wirken. Die folgende Abbildung zeigt einige typische Probleme, die bei dem Umgang mit dem Wissen auftreten können.

Wir bilden unsere Mitarbeiter gründlich aus,
    – aber lassen sie ihr Wissen nicht anwenden.

Wir lernen am meisten in Projekten,
    – aber geben die gemachten Erfahrungen nicht weiter.

Wir haben für jede Frage einen Experten,
    – aber die wenigsten wissen, wie man ihn findet.

Wir engagieren nur die hellsten Köpfe,
    – aber verlieren sie nach drei Jahren an die Konkurrenz.

Wir wissen alles über unsere Konkurrenten,
    – aber nur sehr wenig über uns selbst.

Wir fordern jeden zur Wissensteilung auf,
    – aber behalten Geheimnisse für uns.

Wir kooperieren, um von anderen zu lernen,
    – aber kennen unsere Lernziele nicht.

Abbildung 6: Paradoxien im Umgang mit Wissen[12]

Gründe für diese Probleme finden sich größtenteils in der Unternehmensführung. Veraltete oder unflexible Führungsstile behindern eine freie Entfaltung des einzelnen Mitarbeiters und seinem persönlichen Arbeitsstil. Den Satz "So haben

---

[12]Gilbert Probst: Wissen managen, 1999

wir es bisher gemacht und so wird es auch weiterhin geschehen" wird der eine oder andere schon einmal gehört haben. Aber auch die möglicherweise fehlende Anerkennung für die innovativen Ideen eines Mitarbeiters können ausschlaggebend für den weiteren Berufsweg des Mitarbeiters sein. Findet er in einem anderen Unternehmen diese Anerkennung, so ist es nicht verwunderlich, wenn er seinen Arbeitsplatz wechselt. Die mangelnde Kenntnis der in der Unternehmung vorhandenen Wissens bewirkt dabei ihr übriges.

6. Knowledge-Management in der Diskussion

Kritiker bemerken, dass Knowledge-Management nichts Neues sei. In der einen oder anderen Form habe es das schon immer gegeben, man habe es nur anders genannt. So gesehen ist das schon richtig. Aber im Gegensatz zur früheren Auffassung steigt das Bewusstsein für die Bedeutung der Ressource Wissen. Neu ist auch die Betrachtungsweise des Knowledge-Managements in Bezug auf das Unternehmen. Es geht in Zukunft darum, dass die gesamte Unternehmung das vorhandene Wissen effizient und auf den Erfolg ausgerichtet anwendet. Das betrifft sowohl die Mitarbeiter als auch die Organisation, die Prozesse und die Technologien gleichermaßen.

Doch um dieses Ziel zu erreichen, muss der Mitarbeiter davon überzeugt werden, sein Wissen in das Knowledge-Management einzubringen und den Kollegen zur Verfügung zu stellen bzw. das Wissen aus dem Knowledge-Management auch anzuwenden, was häufig ein Problem darstellt. Gründe hierfür sind häufig in der Psychologie zu finden. Die Angst sein Wissen zu teilen und sich dadurch entbehrlich zu machen ist verständlich. Daher bedarf es guter Argumente, seine Mitarbeiter von diesem Modell zu überzeugen. [13] Dies kann z.B. eine Arbeitserleichterung sein, indem Erfahrungen und Wissen ausgetauscht werden kann und nicht erst selbst mühsam zusammen gesucht werden muss. Ebenso wäre es möglich, durch eine gemeinsame Wissensbasis die Arbeitsgemeinschaft zu stärken und dadurch ein angenehmeres Arbeitsklima zu schaffen. Die Akzeptanz des Modells bei den Beschäftigten entscheidet letztendlich über den Erfolg dieses Konzeptes.

---

[13] Gilbert Probst: Wissen managen, 1999

II. Groupware

Eine Möglichkeit, die Ziele des Knowledge-Managements zu verwirklichen, d.h. unter anderem eine effektivere Kommunikation zwischen den Mitarbeitern zu schaffen, findet sich in der Groupware.

1. Was ist Groupware?

Definition:

"Groupware ist eine für die Computerunterstützung gruppenorientierter Arbeitsabläufe bereitgestellte Software. Darunter versteht man den koordinierten Austausch gruppenbezogener Informationen und ihre kooperative Bereitstellung. Groupware richtet sich damit schwerpunktmäßig auf die Abbildung nicht formalisierbarer Vorgänge..."[14]

Unter Groupware versteht man die Klasse der Anwendungen, die eine Arbeitsgruppe bei kooperativer Arbeit unterstützen. Groupwareanwendungen unterstützen Gruppen, die in einer gemeinsamen Arbeit engagiert sind und liefern somit eine Schnittstelle zu einer gemeinsamen Umgebung. Der Begriff Groupware entstand zu Beginn der 80er Jahre als eine neue Art von Software definiert wurde, die der Zusammenarbeit von Teams dienen sollte. Seit diesen Anfängen hat sich Groupware als Oberbegriff für kommerzielle Produkte der Informationstechnik durchgesetzt, die der Unterstützung der Organisationen dienen. Im gleichen Zeitraum verschwand die vermeintliche Beschränkung, dass Groupware nur für Arbeitsgruppen eingesetzt werden könnte und der Begriff gewann eine universelle Bedeutung als Organisationstechnologie. Aufgrund der immer weiter wachsenden Bedeutung des Knowledge-Managements und der damit steigenden Möglichkeiten der Groupware, können Groupwaresysteme in Organisationen immer erfolgreicher eingesetzt werden. Die Einsatzbereiche der heutigen Groupwareprodukte reichen von computerbasierten Kommunikationsmedien wie E-Mail und Videokonferenzen bis hin zu Softwarewerkzeugen, die eine Abbildung der organisatorischen Realität mit informationstechnischen Mitteln verfolgen.

---

[14]Wolfgang Riggert: Betriebliche Informationskonzepte. Vom Hypertext zur Groupware, 2000

Umfassende Groupwaresysteme ermöglichen eine Verknüpfung der in den Unternehmen in vielfältiger Weise vorhandenen Informationen mit der Struktur der Organisation und mit den Anforderungen der zu bewältigenden Aufgaben. Als verteilter Informationsspeicher ermöglicht Groupware eine Transformation des individuellen Wissens der Mitarbeiter zu einem gemeinsamen Wissen aller Mitarbeiter. Durch ihre Benutzung als Kommunikationsmedium schafft Groupware mit der Unabhängigkeit von räumlichen und zeitlichen Beschränkungen die Virtualisierung der Organisationsabläufe.

Groupware kann prinzipiell abteilungs- bzw. unternehmensweit eingesetzt werden. Grundsätzlich unterscheidet man operative Einsätze, die auf schrittweise Verbesserungen abzielen (Organisationsstrukturen und -abläufe) und strategische Einsätze, die mit Groupware eine neue Grundlage des Geschäfts schaffen wollen (Beeinflussung mehrerer strategischer Erfolgsfaktoren). Bei einem Einsatz von Groupware müssen vor allem die zwischenmenschlichen Faktoren beachtet werden. Schwierigkeiten treten auf, wenn nur der technische Aspekt betrachtet wird. Auch der Entwicklungsstand der Organisation muss berücksichtigt werden.

2. Warum Groupware?

Der herkömmliche Kommunikationsweg, bei dem die Mitglieder eines Teams auf kurzer Distanz in einem Büro gesessen haben und direkt miteinander kommunizieren konnten, ist in der heutigen Zeit nicht mehr zwangsläufig gegeben. Häufig arbeiten Teams global bzw. sind auf die verschiedenen Niederlassungen einer Firma deutschlandweit verteilt. Gruppenbasierte Tätigkeiten wie Meetings, Konferenzen, oder Komitees, der natürlichste Weg, eine solche Gruppenarbeit zu verrichten, werden in ihrer Durchführbarkeit nahezu unmöglich. Einzige Möglichkeit wäre das Telefon, doch würde dieser Kommunikationsweg alleine nicht ausreichen. Groupware kann zur Erreichung gegebener Ziele von dauerhaft existierenden Arbeits- und Abteilungsgruppen verwendet werden, oder von Projektgruppen, die eine vordefinierte Aufgabe haben. Des weiteren bietet Groupware speziell für die Arbeit von Team gestaltete flexible computergestützte Systeme.

Allen Groupwareansätzen ist ein Ziel gemeinsam - das Wissen der Mitarbeiter zu sammeln und in einem geteilten Informationsraum ("Shared Information Space") zu nutzen, ständig zu erweitern und zu verändern. Das Groupwarekonzept beruht auf dem grundlegenden Gedanken der kooperativen computergestützten Arbeit. Die wesentlichen Hilfsmittel von Groupware sind E-Mail, verteilte Datenbanken, verteilte Editoren, Sicherheitsmechanismen, Import- und Exportfunktionen und eine Entwicklungsoberfläche. Beispiele für eine solche Groupware ist das Lotus Knowledge Discovery System der Lotus Development Corporation oder der Microsoft Exchange 2000 Server.

VI. Bibliographie

Bücher:

Wenn Ihr Unternehmen wüßte, was es alles weiß
Das Praxisbuch zum Wissensmanagement.
Thomas Davenport, Laurence Prusak
Moderne Industrie, 1999
2. Auflage
ISBN: 3-478-36470-1

Wissenskapital, das unentdeckte Vermögen
Immaterielle Unternehmenswerte aufspüren, messen und steigern.
Karl Erik Sveiby
Moderne Industrie, 1998
ISBN: 3-478-36060-9

Erfolgsfaktor Wissensmanagement
Dieter Herbst
Cornelsen Verlag, 2000
ISBN: 3-464-49072-6

Wissen managen
Wie Unternehmen ihre wertvollste Ressource optimal nutzen
Gilbert Probst, Steffen Raub, Kai Romhardt
Th.Gabler Verlag, 1999
3. Auflage
ISBN: 3-409-39317-X

Betriebliche Informationskonzepte
Vom Hypertext zu Groupware
Wolfgang Riggert
Vieweg Verlag Wiesbaden, 2000
2. Auflage
ISBN: 3-528-15662-7

Informations- und Kommunikationstechnologien für Unternehmen
Internet, Intranet, Groupware, Online-Marketing
Kai Koster
Hanser Fachbuchverlag, 1999
ISBN: 3-446-21218-3

Inside the Lotus Discovery Server
IBM Redbook
SG24-6252-00
David Morrison, Peter Northam, Martin Rueckert, Lasisi Tabel

Sonstige Literatur:

Geneva Knowledge Group
http://www.gkg-online.ch/index_goes.html

Knowledge-Management (KM)
http://www.www-kurs.de/knowledg.htm (28.04.2001)

Daten - strategischer Faktor
http://www.fmc.ch/MC98-6daten.htm (06/98)

Synalis - Knowledge-Management
http://www.synalis.de/schwerpunkte/knowledgetext.html

Lotus Deutschland > Produkte > Knowledge Discovery Server
http://www.lotus.com/world/germany.nsf/all/97F0BF87EF3772D3C1256A16003D9
DB3

AboutIT - Lotus Development stellt den Lotus Discovery Server vor
http://www.aboutit.de/01/02/10.html (20.01.2001)

Der Lotus Discovery Server ist verfügbar
http://www.lotus.com/world/swiss.nsf/va_type1/B5BF1D5BFDF97E16C1256A4000
2C30B8 (02.05.2001)

IBM Deutschland Pressroom
http://www-5.ibm.com/de/pressroom/cebit2001/fotos/e_knowledgemanagement_d.
html

Lotus Development stellt den Lotus Discovery Server vor
http://www.golem.de/0101/11726.html

Lotus liefert Knowledge Portal K-Station aus
http://www.golem.de/0101/11654.html

Suchmaschinen - Wissensmanagement
http://www.at-web.de/wissensmanagement/lotus-knowledge.htm

Lotus gibt die Portal-Software K-Station frei
http://www.heise.de/print/nt.print/newsticker/data/jk-13.12.00-005 (13.12.2000)

Lotus K-Station
http://www.wwedv.de/WWEDVSite\Firma.nsf/webDomino/79d5012a09cf73ecc125
6a3a003b717c?Open (26.04.01, Erhardt Weitner)